ANALISI DEL LIBRO

AF142084

La carta
e il territorio

· · · · · · · · · · · · · ·

MICHEL HOUELLEBECQ

ANALISI DEL LIBRO

Scritto da Anna Lamotte
Tradotto da Sara Rossi

La carta
e il territorio

MICHEL HOUELLEBECQ

MICHEL HOUELLEBECQ

ROMANZIERE, POETA, SAGGISTA E PRODUTTORE FRANCESE

- **Nato a Reunion nel 1956**
- **Opere degne di nota:**
  - *Le Sens du Combat* (1996), raccolta di poesie
  - *Piattaforma* (2001), romanzo
  - *La carta e il territorio* (2010), romanzo

Michel Houellebecq (il cui vero nome è Michel Thomas) è nato a Reunion nel 1956. Dopo gli studi di agronomia, frequenta la scuola di cinema, che abbandona dopo aver conseguito il diploma. La sua carriera letteraria inizia nel 1991, quando pubblica uno studio su H.P. Lovecraft (scrittore americano, 1890-1937) e si cimenta nella poesia. Tuttavia, è stato il suo primo romanzo, *Whatever* (1994), a farlo conoscere a un pubblico più vasto. In quest'opera cupa, Houellebecq offre una rappresentazione amara della società capitalista in Occidente, un tema che permea tutta la sua opera. I suoi romanzi successivi, come *Atomized* (1998) e *Platform* (2001), lo hanno affermato più solidamente sulla scena letteraria internazionale. Il suo romanzo *La carta e il territorio* è stato premiato con il Prix Goncourt nel 2010.

LA CARTA E IL TERRITORIO

I SINTOMI DI UNA SOCIETÀ DIVORATA DAL DISAGIO

- **Genere:** romanzo
- **Edizione di riferimento:** Houellebecq, M. (2010) *La Carte et le Territoire*. Parigi : Flammarion.
- **1ª edizione:** 2010
- **Temi:** arte, società consumistica, disillusione, morte, infelicità

La carta e il territorio (2010) racconta la storia di Jed Martin, pittore e fotografo, e della sua progressiva ascesa nel mercato dell'arte. Figlio di un padre depresso che desidera l'eutanasia e con il quale ha un rapporto teso, Jed Martin incontra numerosi personaggi famosi, grazie alla sua notorietà, tra cui lo scrittore Michel Houellebecq. L'autore rappresenta quindi se stesso nel suo romanzo. Vengono trattati i temi preferiti dall'autore: la società consumistica in cui il denaro è il re, la miseria sessuale dell'uomo occidentale, nonché la disillusione e la fragilità delle relazioni sociali.

SINTESI

UNA SERIE DI PROFESSIONI

Nato in una famiglia benestante, l'artista Jed Martin ha iniziato a dipingere quando era solo un bambino. Suo padre, Jean-Pierre Martin, era un architetto. La madre si suicidò quando Jed aveva solo sette anni. Dopo "anni di adolescenza studiosa e triste" (p. 49) in un collegio gesuita, si iscrive all'Accademia delle Belle Arti, dove si concentra sulla fotografia di oggetti. Poi, mentre la sua carriera prende una piega favorevole, smette di fotografare ed entra in un periodo di depressione. Da quel momento in poi, la sua unica attività è guardare il programma televisivo "Domanda per un campione", in cui le persone vengono messe alla prova sulla loro cultura generale. Più tardi, dopo la morte della nonna, passa davanti a un negozio che vende cartine stradali a marchio Michelin, che gli provoca una rivelazione: inizia a fotografarle e finisce per esporre le sue foto. È così che incontra Olga Sheremoyova, del dipartimento di comunicazione della Michelin, con la quale ha una relazione sentimentale. Lei gli dà una spinta alla carriera. In breve tempo, grazie al sostegno finanziario della Società Michelin e all'aiuto di un'efficiente addetta stampa, Marilyn Prigent, Jed riesce a farsi conoscere nel mondo del mercato dell'arte. Sul suo sito web, i suoi quadri sono venduti a 2000 euro l'uno. Infine, dopo la separazione da Olga, che ha ricevuto una promozione e ha lasciato la Francia per la Russia, Jed interrompe il suo lavoro con la Michelin ed entra in un nuovo periodo di crisi. Poi, tornando a dipingere, inizia un progetto che comprende diversi quadri e che viene chiamato dagli storici dell'arte *La serie dei mestieri*. Si tratta di un gruppo di dipinti che raffigurano diverse professioni e che si conclude con il quadro *Jeff Koons e Damien Hirst Sharing the Art Market*. Il pittore ci dedica molto tempo, ma non riesce mai a finirlo. Alla fine decide che è un "quadro di merda" (p.30) e lo distrugge selvaggiamente.

Invitato a esporre le sue opere da Franz Teller, proprietario di una galleria d'arte, Jed Martin decide di mettersi in contatto con lo scrittore Michel Houellebecq per chiedergli di scrivere il catalogo della futura mostra. Dopo aver contattato lo scrittore Frédéric Beigbeder, Jed decide di recarsi personalmente alla residenza di Houellebecq in Irlanda. Quest'ultimo, che si rivela essere un misantropo cinico e amareggiato, conduce lì una vita solitaria. In cambio della stesura del suo catalogo, Jed gli offre 10.000 euro o un suo ritratto. Senza entusiasmo, Houellebecq sceglie la seconda opzione. Il quadro si chiamerà *Michel Houellebecq, lo scrittore* e avrà un valore stimato di 700.000 euro. La mostra de *La serie dei mestieri* viene finalmente inaugurata e riscuote un enorme successo. Da quel momento in poi, gli uomini più ricchi del pianeta commissionano a Jed i loro ritratti, pagandoli milioni di euro.

L'OMICIDIO DI MICHEL HOUELLEBECQ

Un giorno, a una festa alla moda da Jean-Pierre Pernaud (un presentatore televisivo), Jed rivede Olga, che non vedeva da dieci anni. Ma questo incontro serve solo a rendere evidente la loro età e, dopo una notte casta, Jed decide di lasciare Olga. Si reca quindi da Michel Houellebecq e gli consegna il suo quadro.

Qualche tempo dopo, l'autore viene trovato morto nella sua casa, decapitato e il corpo fatto a pezzi in modo da formare uno strano motivo. L'ispettore di polizia Jasselin è incaricato delle indagini. L'esame del corpo rivela subito che l'assassino ha usato una taglierina laser, dopo aver sparato allo scrittore con un revolver. Un esame del computer di Houellebecq mostra che apparentemente non aveva una vita privata. Pertanto, Jasselin e i suoi colleghi si trovano senza un sospetto. Tuttavia, la polizia si imbatte in Jed Martin che sta affrontando problemi con il padre, che sta invecchiando. Jean-Pierre Martin continua a ripetere che ne ha abbastanza della vita e che desidera l'eutanasia.

Un giorno, Jasselin arriva da Jed Martin e gli mostra le foto del cadavere fatto a pezzi, che in un primo momento l'artista scambia per un quadro di Pollock (pittore americano, 1912-1956). Viene poi portato sulla scena del crimine, dove si accorge che il quadro che aveva dato a Houellebecq è scomparso. La polizia conclude quindi che non si tratta altro che di un comune furto di un'opera d'arte e chiude la vicenda. Tuttavia, tre anni dopo, durante un'oscura indagine sul traffico di insetti, il ritratto di Houellebecq viene scoperto nella casa di un chirurgo. Il quadro, ora stimato 12 milioni di euro, viene consegnato a Jed.

In seguito, mentre si avvicina il Natale, Jed viene a sapere che suo padre si è recato in un ospedale di Zurigo per porre fine alla sua vita.

Jed è completamente inattivo e decide di ritirarsi per qualche tempo nella vecchia casa dei nonni, dove ritrova i disegni della sua infanzia. Decide quindi di trascorrere il resto della sua vita in una piccola città isolata dove, negli ultimi trent'anni della sua vita, è preda di una sinistra malinconia e filma le immagini delle persone che ha conosciuto (Olga, suo padre, ecc.) che si stanno lentamente deteriorando all'aria aperta.

STUDIO DEL CARATTERE

JED MARTIN

Jed Martin è il protagonista. Di indole malinconica, la sua vita è costellata di periodi di depressione (ad esempio, dopo gli studi di fotografia). Una volta diventato un artista famoso grazie all'incontro con Olga Sheremoyova, che lo ha presentato alla Michelin, diventa una sorta di "oggetto di mercato": le sue opere d'arte sono richieste e i loro prezzi fluttuano secondo le leggi della domanda e dell'offerta. Con l'aiuto della potente azienda Michelin e di un'efficiente addetta stampa, Marilyn Prigent, Jed Martin raggiunge il successo internazionale. Tuttavia, questo successo non basta a renderlo felice e a liberarlo dalla sua malinconia. La sua vita è definita da una grande solitudine, di cui sembrano soffrire tutti i protagonisti di Houellebecq, e che è il destino dell'uomo moderno, perché condannato a essere un mero ingranaggio di una cieca società capitalista. Questo è anche il caso di Jed Martin, che, nonostante il successo professionale, si trova ancora ad affrontare i problemi di base, ovvero l'amore (e poi la perdita) di una donna (Olga) e i rapporti conflittuali con la figura paterna (Jean-Pierre Martin).

JEAN-PIERRE MARTIN

È il padre di Jed Martin. È un personaggio anziano ed estremamente deprimente. Dopo una brillante carriera da architetto, sta invecchiando e vive in estrema solitudine nel momento in cui Jed Martin ha raggiunto l'apice della sua carriera. Parlando continuamente della sua stanchezza di vivere, ha un solo desiderio: essere sottoposto a eutanasia, cosa che finirà per fare alla fine del romanzo. Tra padre e figlio c'è una sorta di rottura. I due personaggi sono infatti incapaci di comunicare tra loro, tanto più che il fantasma della madre di Jed, che si è suicidata, si frappone tra loro, dando alla loro relazione una sfumatura morbosa. Questo tipo di personaggio è frequente nei romanzi di Houellebecq. Simboleggia il vecchio impotente ("con l'ano artificiale", p. 342) amareggiato fino al midollo.

OLGA SHEREMOYOVA

Amante di Jed Martin, Olga è impiegata dall'Impero Michelin come agente di comunicazione. Con il suo fisico da bambola, è quasi un cliché, come dimostra la descrizione della sua prima apparizione nel romanzo: "Con la sua pelle pallida, quasi traslucida, i suoi capelli biondo platino e i suoi zigomi sporgenti, corrispondeva perfettamente all'idea di bellezza slava" (p. 64). Innamorata di Jed Martin, deve lasciarlo a causa di una promozione che la porta in Russia, perché Jed non osa fare nulla per trattenerla. Quando i due amanti si rincontrano dieci anni dopo, si rendono conto che la loro vita di coppia avrebbe potuto prendere una strada diversa (matrimonio, figli, ecc.), ma che ormai è troppo tardi. Provano un enorme rimpianto. Nel romanzo di Houellebecq non c'è mai un amore felice e, alla fine, Olga è un fallimento nella vita di Jed, perché lui è stato troppo codardo per impegnarsi. Questo rimpianto lo perseguiterà fino al suo ultimo giorno.

MARILYN PRIGENT

Agente di stampa, Marilyn contribuisce notevolmente alla rapida ascesa di Jed Martin nel mercato dell'arte e al suo successo. Fisicamente è l'esatto contrario di Olga: viene descritta come "una cosa minuta e fragile, magra e quasi gobba" (p. 78). Tuttavia, alcuni anni dopo, quando Jed sta preparando la mostra dei suoi dipinti *La serie dei mestieri*, la donna è cambiata radicalmente e confessa, senza vergogna, di avere una vita sessuale sfrenata.

MICHEL HOUELLEBECQ

Il personaggio di Michel Houellebecq è l'apice della misantropia. Vivendo da solo in Irlanda con un cane ironicamente chiamato Platone come unica compagnia, disprezza profondamente il mondo e l'intero genere umano. Dopo il suo omicidio, la polizia, indagando sulla sua vita privata, scopre che era praticamente vuota (nessun amico, nessuna relazione, ecc.). Il suo cadavere decapitato e fatto a pezzi ricorda un quadro astratto di Pollock e serve a ricordare i concetti di "performance" e "body art" (p. 351). Questi concetti sono fenomeni artistici tipici, in cui il corpo dell'artista diventa un'opera d'arte (ad esempio: simboli disegnati sulla pancia con un coltello, un corpo ricoperto di miele e mosche, un artista imprigionato in una bolla per strada, ecc.) In un certo senso, Houellebecq si fa beffe di queste pratiche estreme nel campo dell'arte contemporanea mettendo in scena la propria morte, ironicamente equiparata a una performance artistica.

ANALISI

IL MERCATO DELL'ARTE CONTEMPORANEA

La carta e il territorio è stato applaudito dalla critica per la sua feroce descrizione del mercato dell'arte contemporanea. In effetti, il mondo artistico descritto nel romanzo funziona solo in termini di mercato e l'opera d'arte è considerata un prodotto sociale ed economico.

Pertanto, la carriera di Jed prende una svolta quando inizia a fotografare le mappe stradali della Michelin, il che è ironico, dato che il tema è privo di valore artistico. Queste immagini, tuttavia, gli assicurano il patrocinio di una potente industria, che lo introduce davvero nel mondo dell'arte. In questo caso, al lettore viene data un'idea della definizione di Pierre Bourdieu (sociologo francese, 1930-2002) del valore di un'opera d'arte. In termini brevi e semplici, un'opera d'arte acquista valore quando un gruppo di individui (più o meno influenti in campo culturale) decide che tale opera ha valore.

Esiste quindi il seguente paradosso: un'opera d'arte ha valore quando le persone affermano che lo ha, il che è una forma di tautologia e può sembrare assurdo. Tuttavia, è così che funziona il mondo dell'arte. Il successo di Jed è in realtà orchestrato dall'azienda Michelin (che lo fa per interesse economico) e da un brillante addetto stampa che lo rende visibile ai giornali. Il ruolo di questi giornali e di queste critiche è quello di "produrre una sorta di discorso teorico" (p. 159) per legittimare il lavoro di Jed inserendolo in un contesto, in una corrente artistica. In altre parole, nel quadro della storia dell'arte. In *La carta e il territorio*, la carriera artistica di Jed dipende solo da strategie economiche e tattiche giornalistiche.

I SINTOMI DI UNA SOCIETÀ MORENTE

Houellebecq, fin dai suoi primi romanzi, si diletta a descrivere una società morente, divorata dal disagio e dalla depressione. Questo è presumibilmente il risultato di diversi fattori:

- La nostra società contemporanea è una società capitalista governata dal denaro (si veda anche la sua descrizione del mercato dell'arte) e dove il richiamo del profitto uccide tutte le relazioni (Olga lascia Jed in seguito a una promozione che la porta in Russia; Houellebecq viene assassinato per rubare il suo ritratto, che vale 700.000 euro, ecc.)

- La nostra società occidentale è laica, il che significa che ha escluso Dio (e qualsiasi altra divinità) dal suo sistema di pensiero, il che è fonte di disperazione. Tuttavia, Houellebecq sembra disprezzare molto l'istituzione religiosa.

- Un punto cruciale dell'opera di Houellebecq è che la sessualità morente o malsana dei personaggi è il simbolo supremo di una società in difficoltà. Quando Jed e Olga si rincontrano, dieci anni dopo, non possono più fare l'amore. Houellebecq visita i bordelli in Thailandia, l'ispettore Jasselin è sessualmente impotente, ecc.

- La sessualità, che appartiene alla sfera più intima dell'individuo, viene dissanguata o deviata e, inoltre, è causa di tristezza e malinconia per i personaggi. Ad esempio, verso la fine della sua vita, Jed ha dei flashback della sua vita sessuale passata ("Ricordava altri ricordi di seni flessuosi, lingue agili, vagine strette" p. 427), che risvegliano in lui un'atroce malinconia. Il sesso diventa simbolo, a livello del singolo soggetto, di una società che sta fallendo in ogni suo aspetto.

L'IRONIA – IL MARCHIO DI FABBRICA DI HOUELLEBECQ

Lo stile di Houellebecq è caratterizzato da una potente ironia, che a volte sconfina nell'umorismo nero. Ecco alcune delle sue caratteristiche, come si trovano in *La carta e il territorio*:

- Houellebecq utilizza spesso, se non troppo spesso, citazioni stereotipate, riportate in corsivo: "Negli ultimi dieci anni, lui [Jed] *ha prodotto un'opera*, come si suol dire" (p. 241); "erano felici insieme, e probabilmente lo sarebbero stati anche in futuro, *finché morte non li avesse separati*" (p. 299); "Si poteva dire che avevano ancora *qualche anno buono* davanti a sé" (p. 330). L'uso del corsivo per alcune espressioni può sembrare poco appariscente; in realtà, questa tecnica introduce una distanza ironica tra le formule utilizzate e la posizione dell'autore, che sembra deriderle allo stesso tempo.

- Numerosi brani de *La carta e il territorio* assumono l'aspetto di lunghe descrizioni enciclopediche, alcune delle quali sono direttamente tratte da Wikipedia; questa tecnica avvicina Houellebecq a Lautréamont (scrittore francese, 1846-1870), che aveva usato la stessa tecnica ne *I canti di Maldoror* (1869). Houellebecq scrive, ad esempio:

"La Mercedes-Benz Classe C, la Mercedes-Benz Classe E sono più paradigmatiche. Soprattutto, la Mercedes è l'auto preferita da coloro che non si preoccupano troppo delle automobili, che scelgono la sicurezza e il comfort rispetto al *piacere di guida*" (p. 355); "L'oligospermia può essere causata da vari fattori: varicocele testicolare, atrofia testicolare, deficit ormonale, infezioni croniche della ghiandola prostatica, influenza e altre cause". (p. 297). Questa tecnica può essere definita ironica in quanto scredita (e allo stesso tempo deride) il lavoro stesso dello scrittore, che dovrebbe inventare interamente la sua storia e non prendere in prestito pezzi da documenti enciclopedici.

- Ne *La carta e il territorio* Houellebecq presenta come personaggi alcune personalità francesi contemporanee, spesso descritte o tratteggiate con molto umorismo e distanza. Ad esempio, incontriamo Julien Lepers, Jean-Pierre Pernaud, Frédéric Beigbeder, lo stesso Michel Houellebecq e Claire Chazal. Houellebecq si diverte a descrivere se stesso come un alcolizzato e un cafone profondamente depresso, il che non è del tutto vero nella realtà, poiché queste caratteristiche sono più legate alla sua opera letteraria e all'immagine che cerca di dare di sé, soprattutto per ragioni di marketing.

IL CONTESTO DI RICEZIONE DELL'OPERA

Nel 2010, Houellebecq ha ricevuto il Prix Goncourt per *La carta e il territorio*, in un contesto letterario emblematico della situazione della letteratura odierna. Mentre ogni anno viene pubblicata un'enorme quantità di libri, un premio letterario offre l'opportunità di differenziare un'opera dalle altre e di incrementare le vendite del suo editore. Un libro che ha ricevuto un premio prestigioso può essere responsabile di più di un terzo delle entrate totali di una casa editrice, da qui la folle competizione tra i vari editori. Come il mondo dell'arte, anche quello della letteratura è un mercato.

Per questo motivo molti critici hanno accusato Houellebecq di aver scritto *La carta e il territorio* con l'esplicita intenzione di ottenere il Prix Goncourt, con il sostegno della sua casa editrice, Flammarion. Quanto segue sembra avvalorare questa accusa:

- la pratica del name dropping, ovvero l'apparizione di varie celebrità francesi nel romanzo;

- la presenza di un omicidio e la conseguente indagine, proprio quando i romanzi polizieschi sono diventati di moda;

- e soprattutto il fatto che Houellebecq abbia ammorbidito la violenza del suo discorso rispetto ai suoi romanzi precedenti, in modo da renderla accettabile agli occhi di una giuria (ad esempio, non ci sono scene di sesso cupe, come in *La possibilità di un'isola*).

Inoltre, Houellebecq è pubblicato da Flammarion, che non riceveva il Prix Goncourt da quattro anni e la giuria può essere facilmente accusata di favorire una casa editrice, se tende a celebrare i suoi scrittori sopra gli altri. Inoltre, Houellebecq era già stato nominato tre volte per il Goncourt, senza mai ricevere il premio. Molti fattori, che non hanno nulla a che fare con la letteratura in sé, hanno probabilmente contribuito a fargli ottenere il premio, che a sua volta ha favorito il successo del libro.

ULTERIORI RIFLESSIONI

ALCUNE DOMANDE SU CUI RIFLETTERE...

- Descrivete la carriera professionale di Jed Martin in poche tappe. A cosa deve il suo successo (contatti, talento, fortuna, ecc.)?

- In che misura la vita di Jed Martin, così come viene descritta ne *La carta e il territorio*, ricorda alcuni elementi della vita di Houellebecq?

- Che cos'è la "body art"? Qual è la vostra opinione su questa forma d'arte? Pensate che possa davvero essere considerata arte? Discutete.

- Come si può dire che il mondo dell'arte è un mercato?

- Sviluppate il tema della povertà sessuale nel romanzo. Qual è il suo legame con la società capitalista occidentale descritta da Houellebecq?

- Come si può definire la tecnica stilistica del collage di Houellebecq? Quale autore del XIX secolo ha già utilizzato questa tecnica?

- In che modo lo stile di Houellebecq si basa sull'ironia e sull'umorismo nero?

- Secondo lei, perché Houellebecq è uno degli scrittori francesi contemporanei più famosi del nostro tempo?

- Cosa pensa del fatto che Houellebecq inserisca se stesso nel suo romanzo e dell'immagine che dà di sé. Secondo voi, qual è il suo scopo nel farlo?

ULTERIORI LETTURE

EDIZIONE DI RIFERIMENTO

Houellebecq, M. (2010) *La Carte et le Territoire*. Parigi: Flammarion.

Vogliamo sapere da voi!
Lasciate un commento sulla vostra biblioteca online
e condividete i vostri libri preferiti sui social media!

Perché scegliere Must Read?

Scoprite tutto quello che c'è da sapere su
un libro, con i nostri riassunti e le nostre
analisi concise e approfondite!

**Scoprite il meglio della letteratura
sotto una luce completamente nuova!**

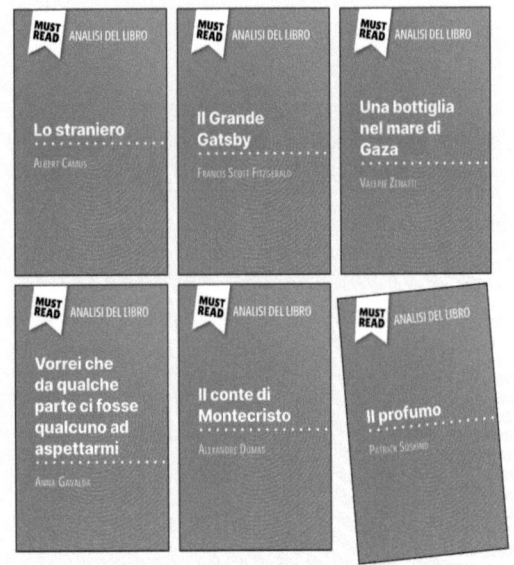

www.50minutes.com

www.50minutes.com

Master ISBN: 9782808690881
ISBN cartaceo: 9782808612289
Deposito legale: D/2023/12603/1508

Copertura: © Primento

Concezione digitale a cura di Primento, il partner digitale degli editori.